Impressum
Verlag: BABADADA GmbH, Nedderfeld 112 , 22529 Hamburg
Geschäftsführer / Verlagsleitung: Harald Hof
Druck: Books on Demand GmbH, In de Tarpen 42, 22848 Norderstedt

Imprint
Publisher: BABADADA GmbH, Nedderfeld 112 , 22529 Hamburg, Germany
Managing Director / Publishing direction: Harald Hof
Print: Books on Demand GmbH, In de Tarpen 42, 22848 Norderstedt

école

school

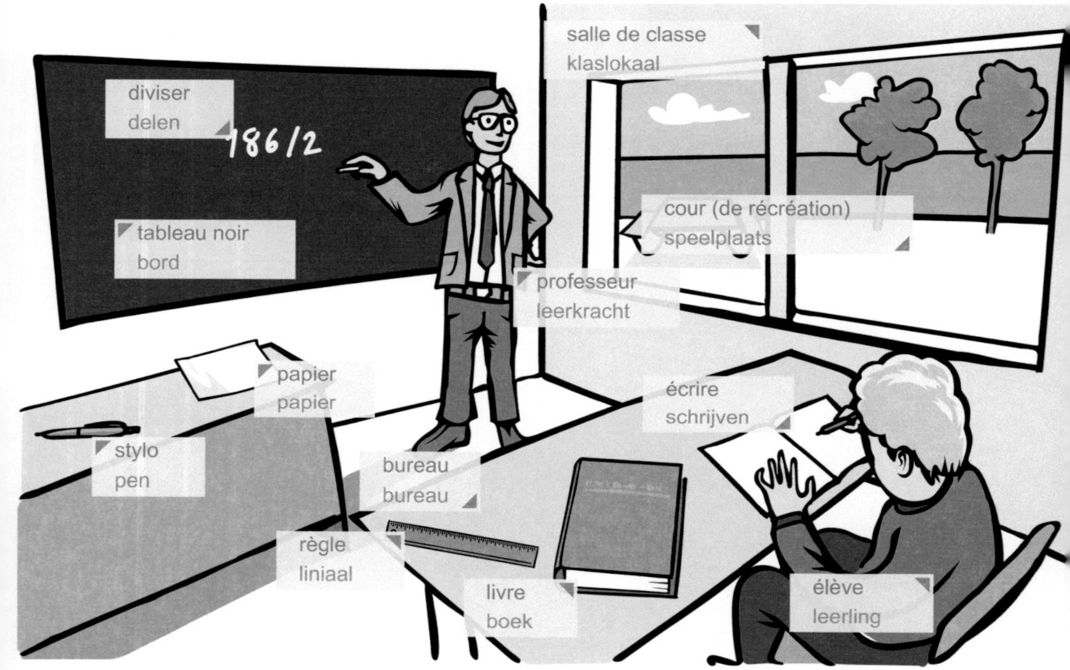

salle de classe
klaslokaal
diviser
delen
186/2
tableau noir
bord
cour (de récréation)
speelplaats
professeur
leerkracht
papier
papier
écrire
schrijven
stylo
pen
bureau
bureau
règle
liniaal
livre
boek
élève
leerling

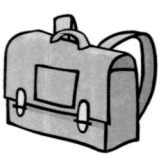

cartable

schooltas

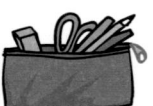

trousse

pennenzak

crayon

potlood

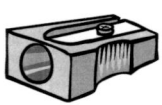

taille-crayon

puntenslijper

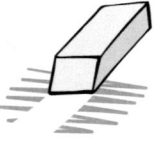

gomme

gom

carnet à dessin

tekenblok

dessin
tekening

pinceau
verfborstel

boîte de peinture
verfdoos

ciseaux
schaar

colle
lijm

cahier d'exercices
werkboek

devoirs
huiswerk

chiffre
nummer

additionner
optellen

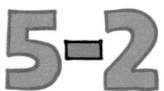

soustraire
aftrekken

multiplier
vermenigvuldigen

calculer
rekenen

lettre
letter

alphabet
alfabet

mot
woord

école - school

texte

tekst

lire

Lezen

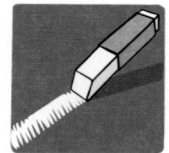

craie

krijt

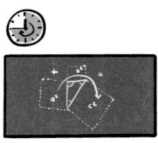

leçon

les

livre de classe

klassenboek

examen

examen

certificat

certificaat

uniforme scolaire

schooluniform

formation

onderwijs

lexique

encyclopedie

université

universiteit

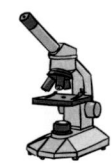

microscope

microscoop

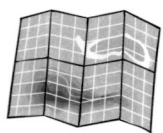

carte

kaart

corbeille à papier

papiermand

voyage
reis

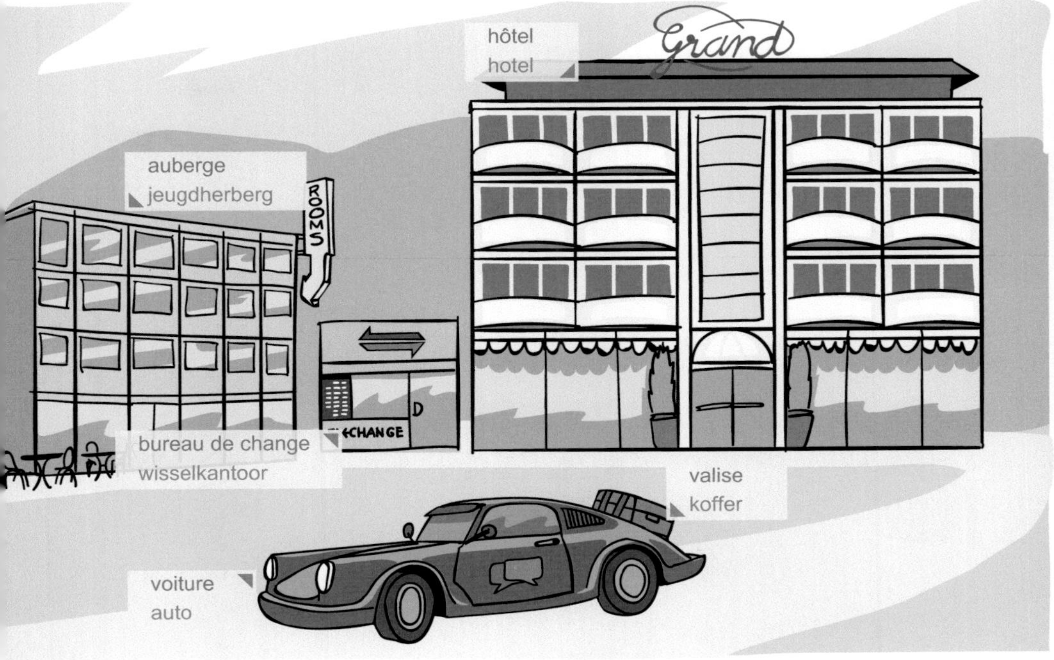
hôtel
hotel
Grand
auberge
jeugdherberg
ROOMS
bureau de change
wisselkantoor
CHANGE
valise
koffer
voiture
auto

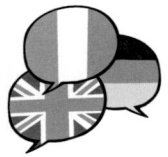

langue

Taal

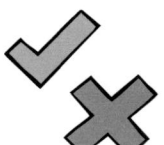

oui / non

ja / nee

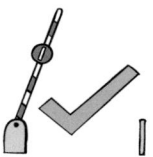

d'accord

oké

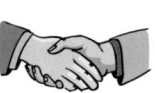

Salut

hallo

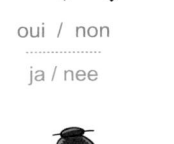

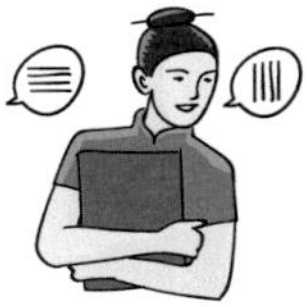

interprète

vertaler

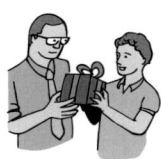

merci

bedankt

Combien coûte...?

Hoeveel kost ...?

Je ne comprends pas

Ik begrijp het niet

problème

probleem

Bonsoir !

Goedenavond!

Bonjour !

Goedemorgen!

Bonne nuit !

Goedenavond!

Au revoir

Tot ziens

direction

richting

bagages

bagage

sac

zak

sac-à-dos

rugzak

hôte

gast

pièce

kamer

sac de couchage

slaapzak

tente

tent

office de tourisme

toeristeninformatie

plage

strand

carte de crédit

kredietkaart

petit-déjeuner

ontbijt

déjeuner

lunch

dîner

avondeten

billet

ticket

ascenseur

lift

timbre

postzegel

frontière

grens

douane

douane

ambassade

ambassade

visa

visum

passeport

paspoort

voyage - reis

transport
transport

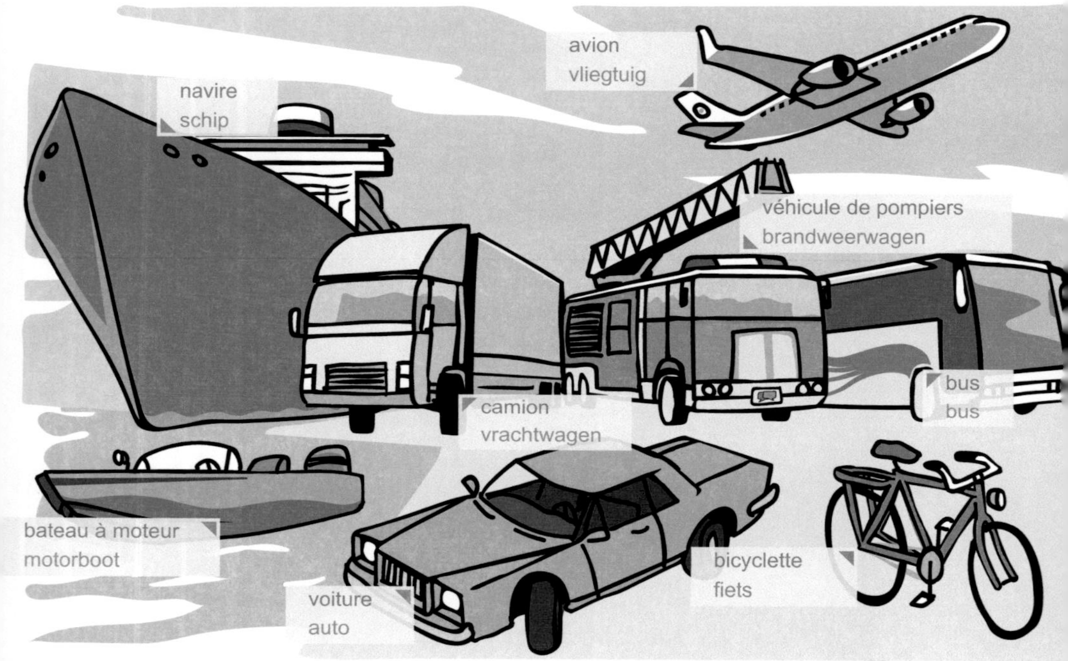
avion
vliegtuig
navire
schip
véhicule de pompiers
brandweerwagen
bus
bus
camion
vrachtwagen
bateau à moteur
motorboot
bicyclette
fiets
voiture
auto

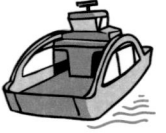

ferry

veerboot

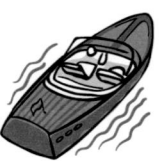

barque

boot

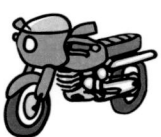

moto

motor

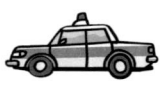

voiture de police

politiewagen

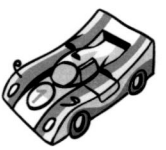

voiture de course

racewagen

voiture de location

huurauto

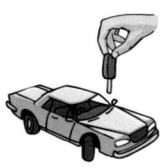

auto-partage

carpoolen

voiture de remorquage

sleepwagen

benne à ordures

vuilniswagen

moteur

motor

essence

benzine

station d'essence

benzinestation

panneau indicateur

verkeersbord

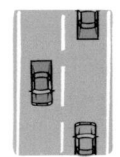

trafic

verkeer

embouteillage

file

parking

parkeerplaats

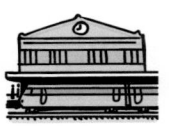

gare

station

rails

sporen

train

trein

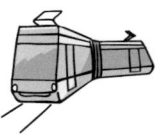

tramway

tram

wagon

wagon

hélicoptère

helikopter

aéroport

luchthaven

tour

toren

passager

passagier

conteneur

container

carton

karton

chariot

kar

corbeille

mand

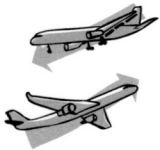

décoller / atterrir

opstijgen / landen

ville

stad

village

dorp

centre-ville

stadscentrum

maison

huis

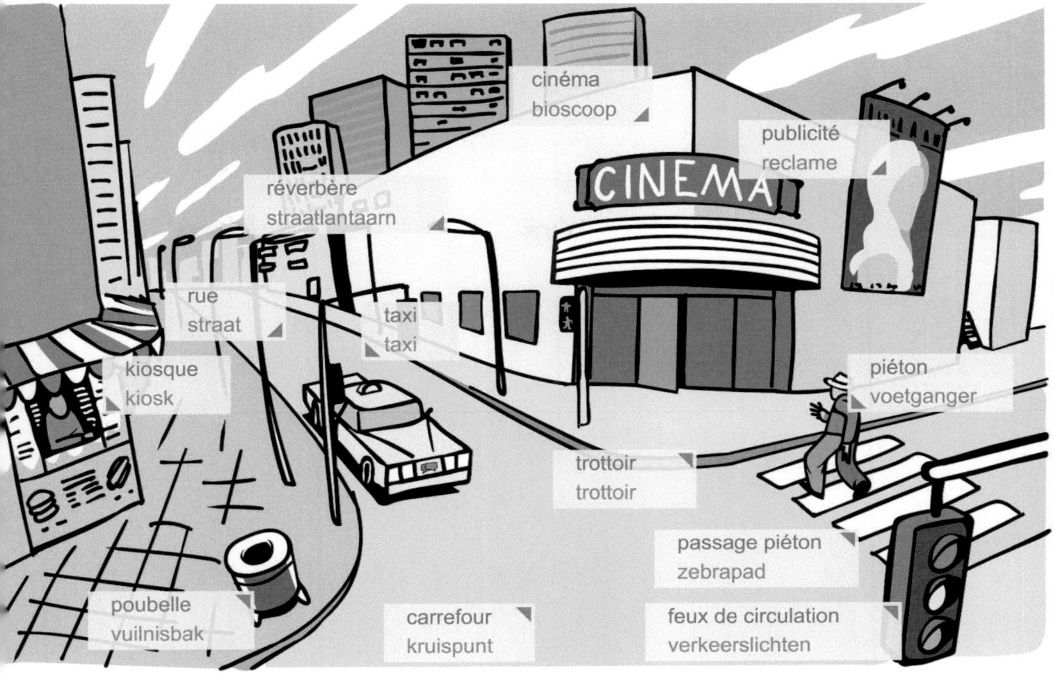

cinéma
bioscoop

publicité
reclame

réverbère
straatlantaarn

CINEMA

rue
straat

taxi
taxi

kiosque
kiosk

piéton
voetganger

trottoir
trottoir

passage piéton
zebrapad

poubelle
vuilnisbak

carrefour
kruispunt

feux de circulation
verkeerslichten

cabane
hut

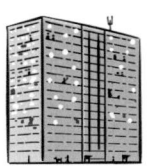

appartement
woning

gare
station

mairie
stadshuis

musée
museum

école
school

université
universiteit

banque
bank

hôpital
ziekenhuis

hôtel
hotel

pharmacie
apotheek

bureau
kantoor

librairie
boekwinkel

magasin
winkel

fleuriste
bloemenwinkel

supermarché
supermarkt

marché
markt

grand magasin
warenhuis

poissonnerie
vishandelaar

centre commercial
winkelcentrum

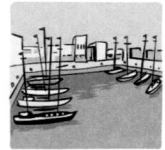

port
haven

parc

park

banque

bank

pont

brug

escaliers

trap

métro

metro

tunnel

tunnel

arrêt de bus

bushalte

bar

bar

restaurant

restaurant

boîte à lettres

brievenbus

panneau indicateur

straatnaambord

parcmètre

parkeermeter

zoo

zoo

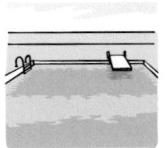

piscine

zwembad

mosquée

moskee

ferme
boerderij

pollution
milieuverontreiniging

cimetière
kerkhof

église
kerk

aire de jeux
speelplaats

temple
tempel

paysage
landschap

feuille
blad

panneau indicateur
wegwijzer

chemin
weg

pré
weide

pierre
steen

randonneur
wandelaar

arbre
boom

rivière
rivier

herbe
gras

fleur
bloem

vallée
vallei

montagne
heuvel

lac
meer

forêt
bos

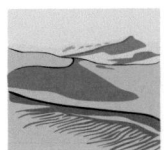

désert
woestijn

volcan
vulkaan

château
kasteel

arc-en-ciel
regenboog

champignon
paddenstoel

palmier
palmboom

moustique
mug

mouche
vlieg

fourmis
mier

abeille
bijl

araignée
spin

coléoptère

kever

grenouille

kikker

écureuil

eekhoorn

hérisson

egel

lièvre

haas

chouette

uil

oiseau

vogel

cygne

zwaan

sanglier

wild zwijn

cerf

hert

élan

eland

barrage

dam

éolienne

windturbine

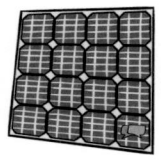

panneau solaire

zonnepaneel

climat

klimaat

restaurant
restaurant

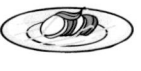

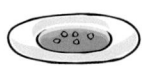

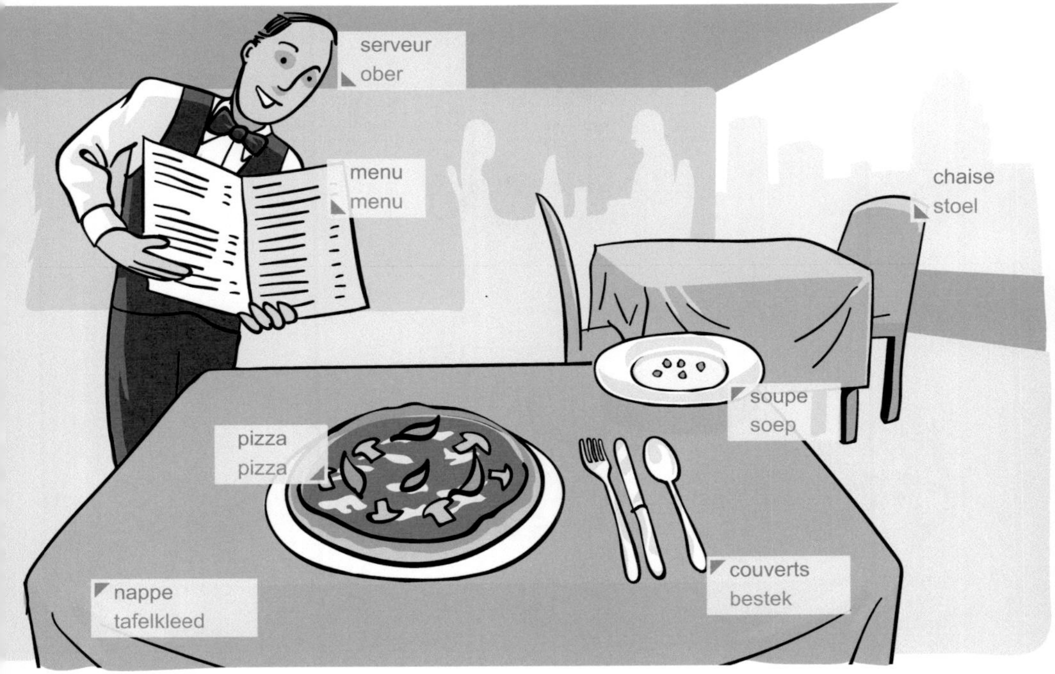

serveur
ober
menu
menu
chaise
stoel
soupe
soep
pizza
pizza
couverts
bestek
nappe
tafelkleed

hors d'œuvre

voorgerecht

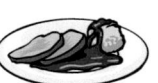

plat principal

hoofdgerecht

dessert

nagerecht

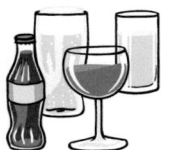

boissons

drankjes

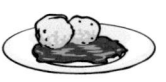

alimentation

eten

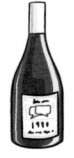

bouteille

fles

fast-food
-----
fastfood

plats à emporter
-----
street food

théière
-----
theepot

sucrier
-----
suikerpot

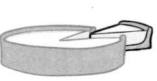

portion
-----
portie

machine à expresso
-----
espressomachine

chaise haute
-----
kinderstoel

facture
-----
rekening

plateau
-----
dienblad

couteau
-----
mes

fourchette
-----
vork

cuillère
-----
lepel

cuillère à thé
-----
theelepel

serviette
-----
serviette

verre
-----
glas

restaurant - restaurant

assiette
bord

assiette à soupe
soepbord

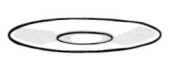

soucoupe
schoteltje

sauce
saus

salière
zoutvatje

moulin à poivre
pepermolen

vinaigre
azijn

huile
olie

épices
kruiden

ketchup
ketchup

moutarde
mosterd

mayonnaise
mayonaise

supermarché
supermarkt

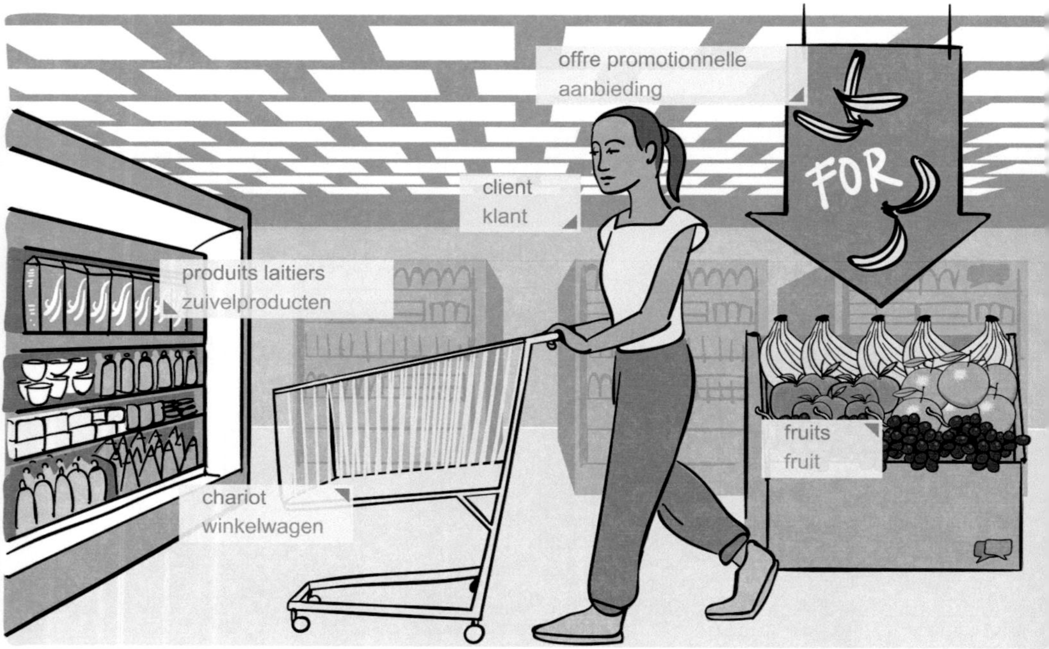

offre promotionnelle
aanbieding
FOR
client
klant
produits laitiers
zuivelproducten
fruits
fruit
chariot
winkelwagen

BUTCHERS

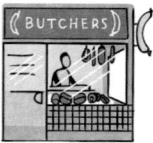

boucherie

slagerij

BAKERY

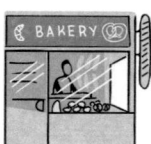

boulangerie

bakkerij

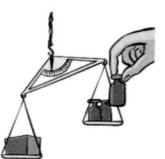

peser

wegen

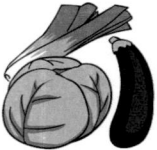

légumes

groenten

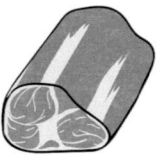

viande

vlees

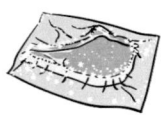

aliments surgelés

diepvriesvoedsel

charcuterie

charcuterie

conserves

conserven

poudre à lessive

waspoeder

bonbons

snoep

articles ménagers

huishoudproducten

détergents

schoonmaakproducten

vendeuse

verkoopster

caisse

kassa

caissier

kassier

liste d'achats

boodschappenlijstje

heures d'ouverture

openingstijden

portefeuille

portefeuille

carte de crédit

kredietkaart

sac

tas

sac en plastique

plastieken zakje

eau

water

jus de fruit

sap

lait

melk

coca

cola

vin

wijn

bière

bier

alcool

alcohol

chocolat chaud

cacao

thé

thee

café

koffie

expresso

espresso

cappuccino

cappuccino

banane

banaan

pomme

appel

orange

sinaasappel

melon

meloen

citron

citroen

carotte

wortel

ail

knoflook

bambou

bamboe

oignon

ajuin

champignon

champignon

noisettes

noten

pâtes

noodles

spaghetti

spaghetti

riz

rijst

salade

salade

pommes frites

frieten

pommes de terre rôties

gebakken aardappelen

pizza

pizza

hamburger

hamburger

sandwich

sandwich

escalope

kalfslapje

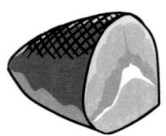

jambon

ham

salami

salami

saucisse

worst

poulet

kip

rôti

braden

poisson

vis

flocons d'avoine
havervlokken

muesli
muesli

cornflakes
cornflakes

farine
bloem

croissant
croissant

petits-pains
pistolet

pain
brood

pain grillé
toast

biscuits
koekjes

beurre
boter

le fromage blanc
kwark

gâteau
taart

œuf
ei

œuf au plat
spiegelei

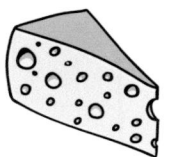

fromage
kaas

glace

ijs

sucre

suiker

miel

honing

confiture

confituur

crème nougat

choco

curry

curry

ferme
boerderij

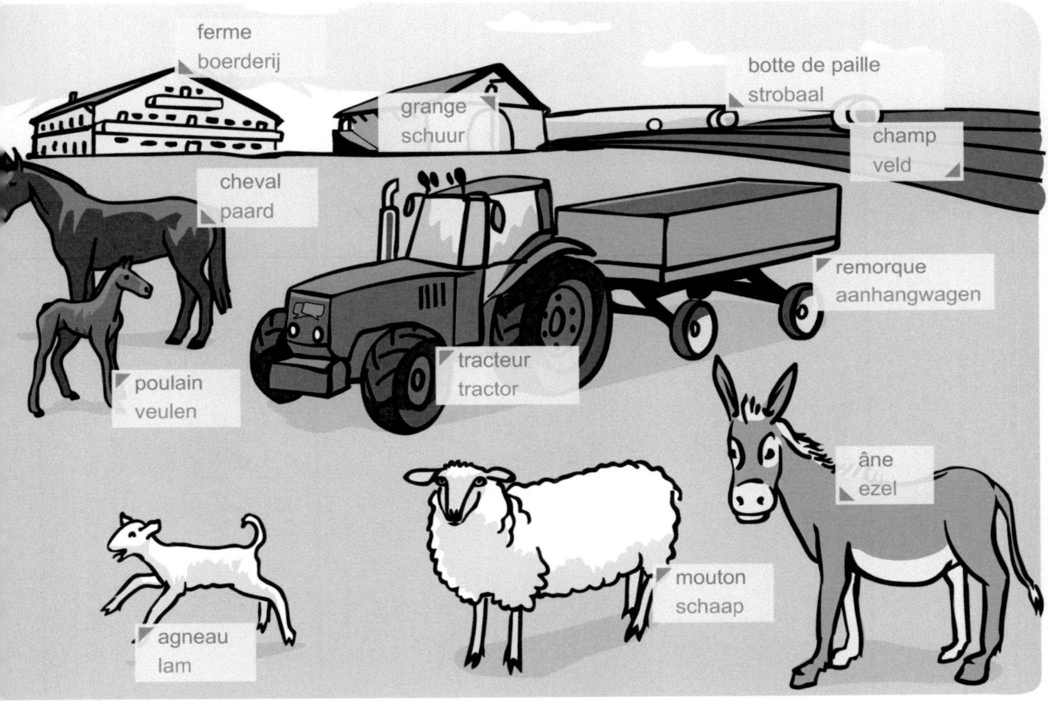
ferme
boerderij
grange
schuur
botte de paille
strobaal
champ
veld
cheval
paard
remorque
aanhangwagen
tracteur
tractor
poulain
veulen
âne
ezel
mouton
schaap
agneau
lam

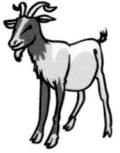

chèvre

geit

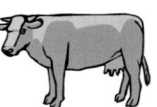

vache

koe

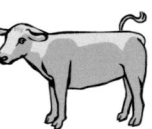

veau

kalf

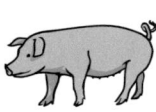

porc

varken

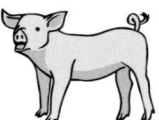

porcelet

biggetje

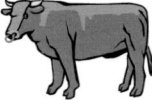

taureau

stier

oie

gans

canard

eend

poussin

kuiken

poule

kip

coq

haan

rat

rat

chat

kat

souris

muis

bœuf

os

chien

hond

chenil

hondenhok

tuyau de jardin

tuinslang

arrosoir

gieter

faucheuse

zeis

charrue

ploeg

faucille

sikkel

pioche

schoffel

fourche

hooivork

hache

bijl

brouette

kruiwagen

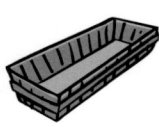

cuve

trog

pot à lait

melkkan

sac

zak

clôture

hek

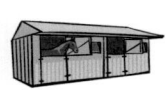

étable

stal

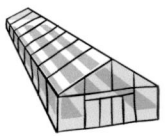

serre

broeikas

sol

bodem

semences

zaad

engrais

mest

moissonneuse-batteuse

maaidorser

récolter

oogsten

récolte

oogst

igname

yam

blé

tarwe

soja

soja

pomme de terre

aardappel

maïs

maïs

colza

koolzaad

arbre fruitier

fruitboom

manioc

maniok

céréales

graan

maison

huis

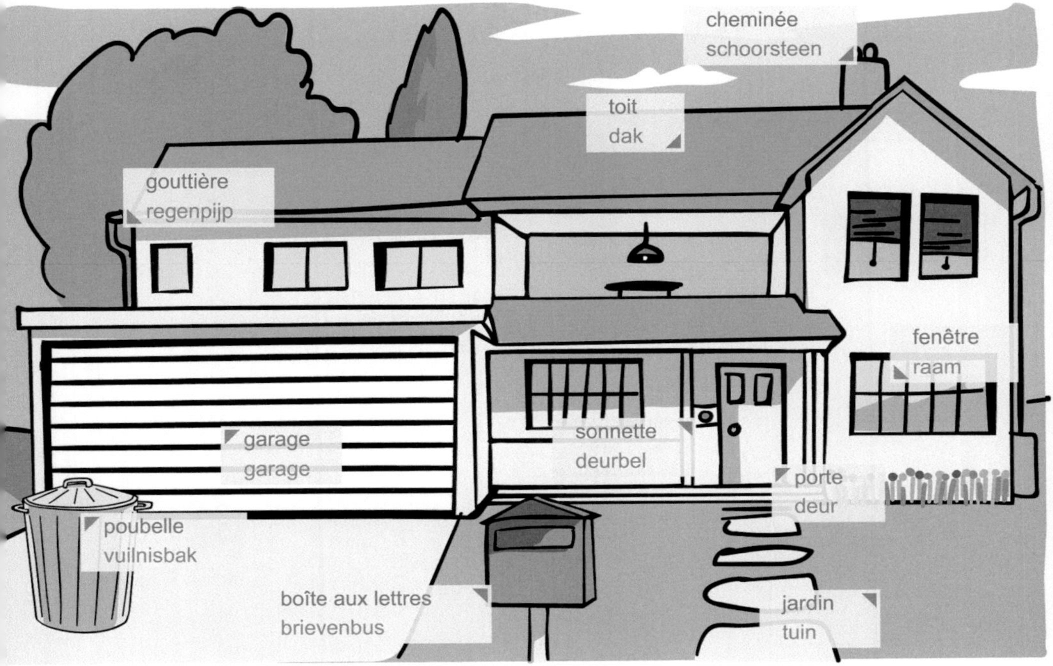
cheminée
schoorsteen
toit
dak
gouttière
regenpijp
fenêtre
raam
garage
garage
sonnette
deurbel
porte
deur
poubelle
vuilnisbak
boîte aux lettres
brievenbus
jardin
tuin

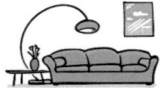

salon

woonkamer

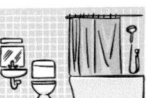

salle de bain

badkamer

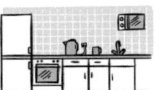

cuisine

keuken

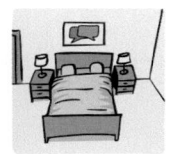

chambre à coucher

slaapkamer

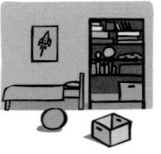

chambre d'enfant

kinderkamer

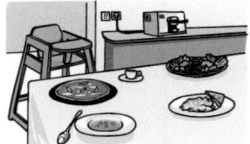

salle à manger

eetkamer

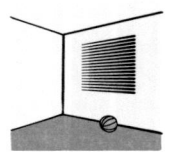

sol

vloer

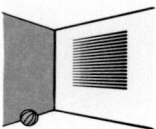

mur

muur

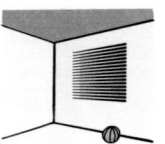

plafond

plafond

cave

kelder

sauna

sauna

balcon

balkon

terrasse

terras

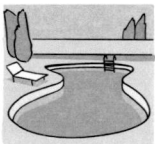

piscine

zwembad

tondeuse à gazon

grasmaaier

housse

dekbedovertrek

couette

dekbed

lit

bed

balai

bezem

sceau

emmer

interrupteur

schakelaar

salon

woonkamer

papier peint
behangpapier
image
foto
lampe
lamp
étagère
schap
armoire
kast
télé
televisie
cheminée
open haard
fleur
bloem
coussin
kussen
sofa
sofa
vase
vaas
télécommande
afstandsbediening

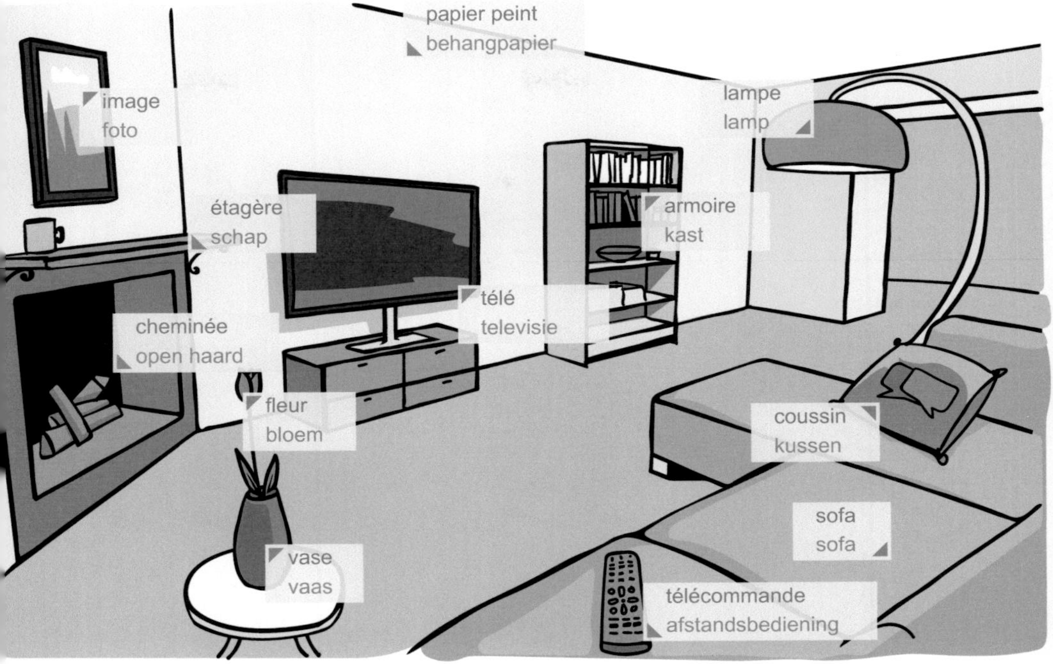

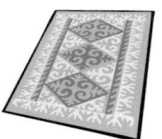

tapis

mat

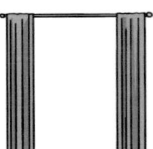

rideau

gordijn

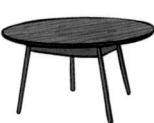

table

tafel

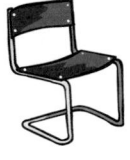

chaise

stoel

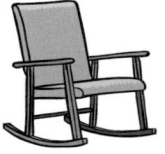

chaise à bascule

schommelstoel

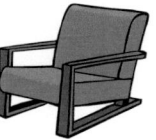

fauteuil

fauteuil

livre

boek

couverture

deken

décoration

decoratie

bois de chauffage

brandhout

film

film

chaîne hi-fi

stereo-installatie

clé

sleutel

journal

krant

peinture

schilderij

poster

poster

radio

radio

bloc-notes

notitieboekje

aspirateur

stofzuiger

cactus

cactus

bougie

kaars

cuisine
keuken

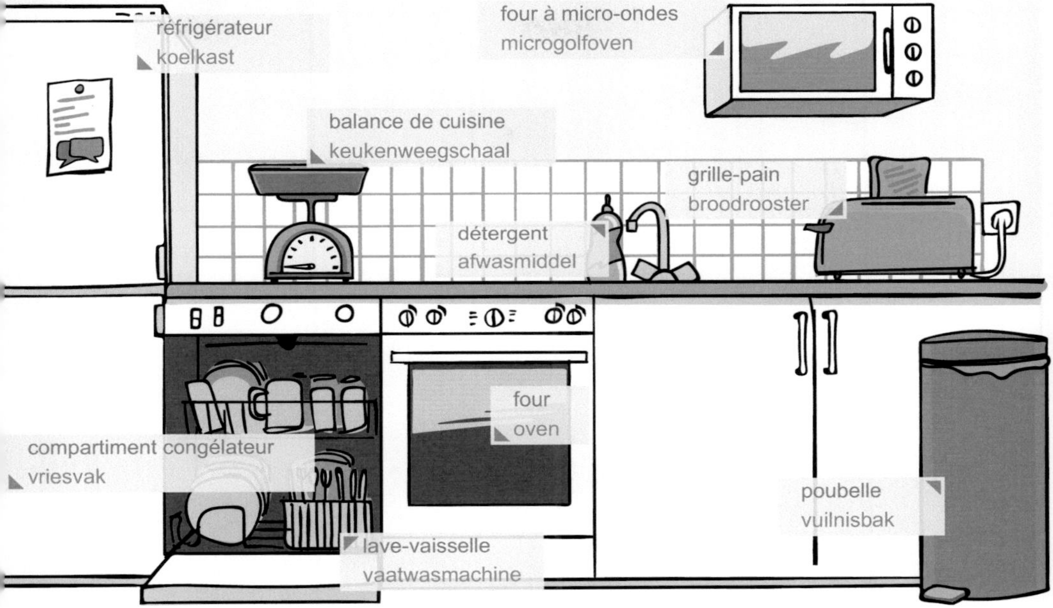
réfrigérateur
koelkast
four à micro-ondes
microgolfoven
balance de cuisine
keukenweegschaal
grille-pain
broodrooster
détergent
afwasmiddel
four
oven
compartiment congélateur
vriesvak
poubelle
vuilnisbak
lave-vaisselle
vaatwasmachine

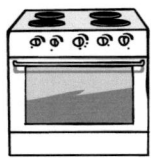

four
fornuis

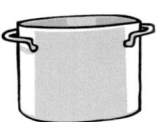

casserole
pot

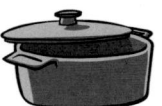

marmite
gietijzeren pot

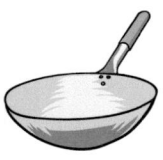

wok / kadai
wok / kadai

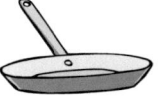

poêle
pan

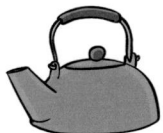

bouilloire electrique
waterkoker

cuiseur vapeur

stoomkoker

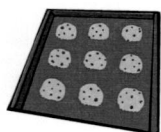

plaque de cuisson

bakplaat

vaisselle

servies

gobelet

mok

coupe

kom

baguettes

eetstokjes

louche

pollepel

spatule

spatel

fouet

garde

passoire

vergiet

tamis

zeef

râpe

rasp

mortier

mortier

barbecue

barbecue

cheminée

haardvuur

planche à découper

snijplank

rouleau à pâtisserie

deegrol

tire-bouchon

kurkentrekker

boîte

blik

ouvre-boîte

blikopener

maniques

pannenlap

lavabo

gootsteen

brosse

borstel

éponge

spons

mixeur

blender

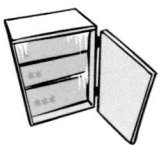

congélateur

vriezer

biberon

papfles

robinet

kraan

salle de bain
badkamer

douche
douche
chauffage
verwarming
serviette
handdoek
rideau de douche
douchegordijn
bain moussant
bubbelbad
baignoire
badkuip
verre
glas
machine à laver
wasmachine
robinet
kraan
carrelage
tegels
pot
kinderpo
lavabo
gootsteen

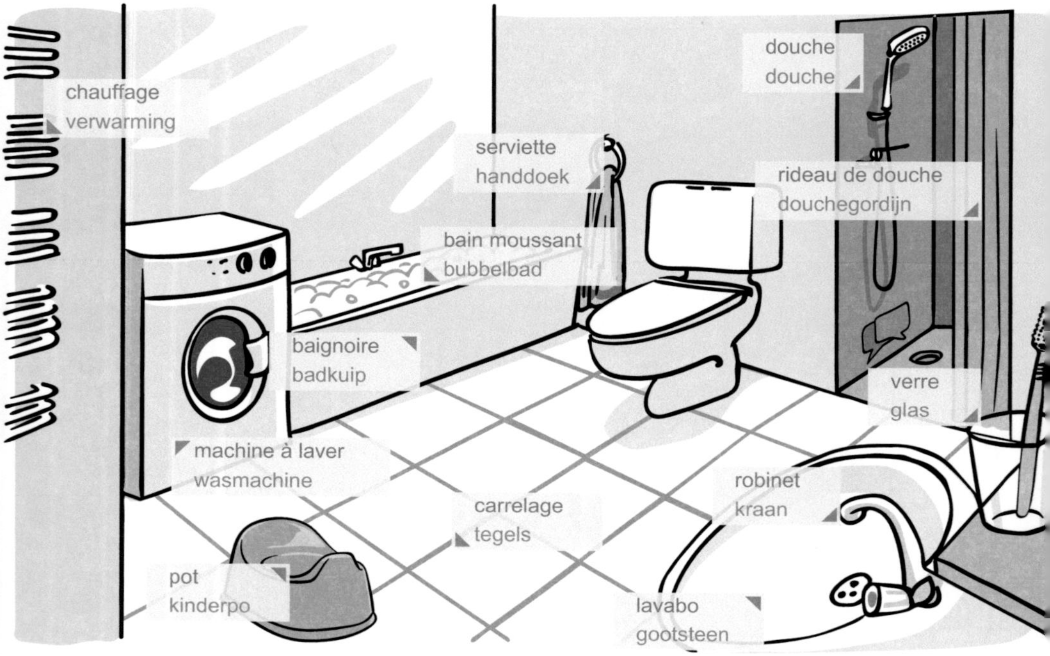

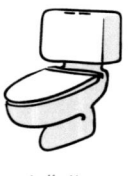

toilettes
toilet

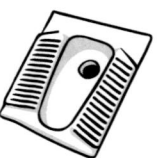

toilette à la turque
hurktoilet

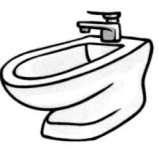

bidet
bidet

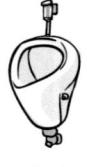

urinoir
urinoir

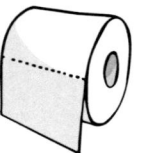

papier toilette
toiletpapier

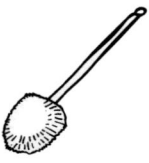

brosse à toilette
toiletborstel

brosse à dents

tandenborstel

dentifrice

tandpasta

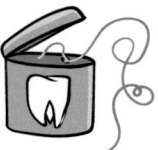

fil dentaire

flosdraad

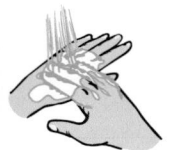

laver

wassen

douche manuelle

handdouche

douche intime

bidethanddouche

vasque

waskom

brosse dorsale

rugborstel

savon

zeep

gel douche

douchegel

shampooing

shampoo

gant de toilette

washandje

écoulement

afvoer

crème

crème

déodorant

deodorant

miroir

spiegel

miroir cosmétique

handspiegel

rasoir

scheermes

mousse à raser

scheerschuim

après-rasage

aftershave

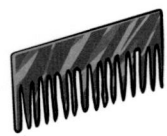

peigne

kam

brosse

borstel

sèche-cheveux

haardroger

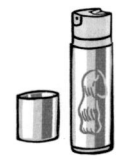

laque pour cheveux

haarlak

fond de teint

make-up

rouge à lèvres

lippenstift

vernis à ongles

nagellak

ouate

watten

coupe-ongles

nagelknipper

parfum

parfum

trousse de toilette

toilettas

tabouret

kruk

pèse-personne

weegschaal

peignoir

badjas

gants de nettoyage

latex handschoenen

tampon

tampon

serviettes hygiéniques

maandverband

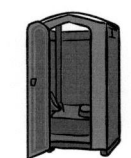

toilette chimique

chemisch toilet

chambre d'enfant

kinderkamer

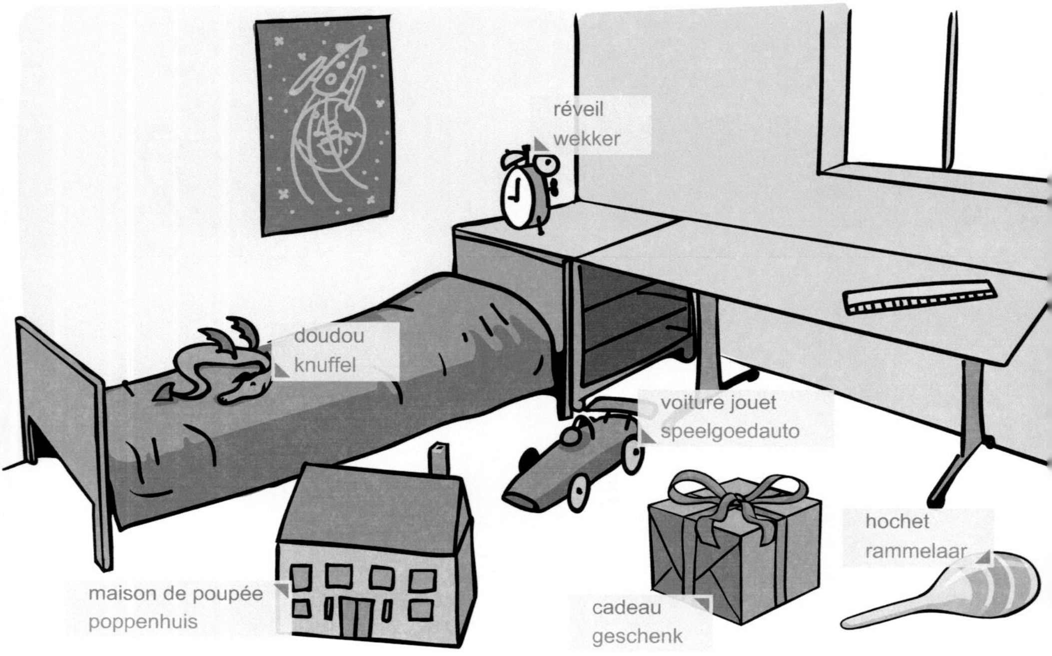

réveil
wekker
doudou
knuffel
voiture jouet
speelgoedauto
hochet
rammelaar
maison de poupée
poppenhuis
cadeau
geschenk

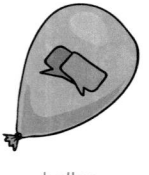

ballon
ballon

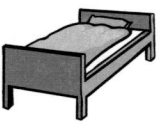

lit
bed

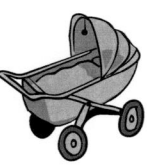

poussette
kinderwagen

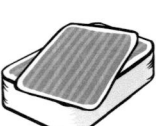

jeu de cartes
spel kaarten

puzzle
puzzel

SUPER MEGA

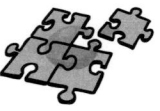

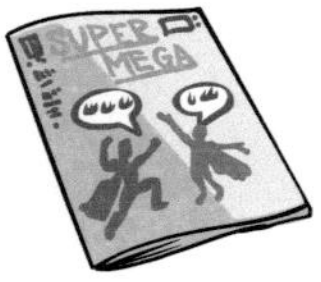

bande dessinée
stripboek

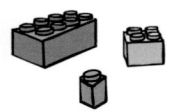

pièces lego
....
legoblokjes

blocs de construction
....
blokken

figurine
....
actiefiguur

grenouillère
....
kruippakje

frisbee
....
frisbee

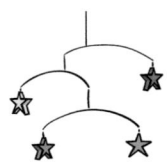

mobile
....
mobiel

jeu de société
....
bordspel

dé
....
dobbelsteen

train miniature
....
modelspoorweg

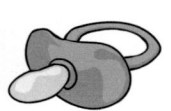

sucette
....
fopspeen

fête
....
feest

livre d'images
....
prentenboek

balle
....
bal

poupée
....
pop

jouer
....
spelen

bac à sable

zandbak

balançoire

schommel

jouets

speelgoed

console de jeu

spelconsole

tricycle

driewieler

ours en peluche

knuffelbeer

armoire

kleerkast

vêtements
kleding

chaussettes

sokken

bas

kousen

collant

maillot

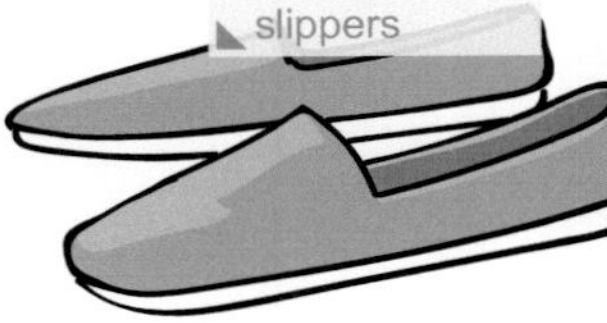

écharpe
sjaal

ceinture
riem

parapluie
paraplu

t-shirt
T-shirt

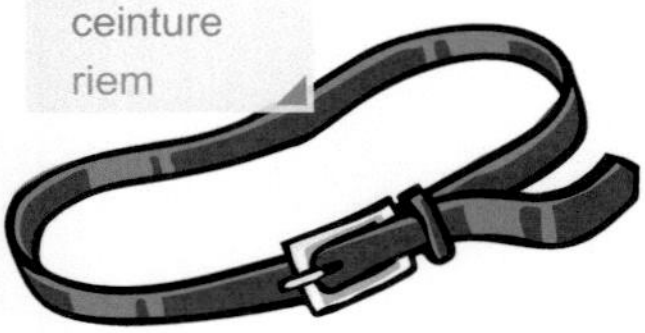

bottes
laarzen

pantoufles
slippers

baskets
sneakers

sandales

sandalen

chaussures

schoenen

bottes de caoutchouc

rubberlaarzen

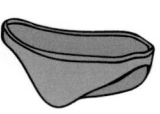

sous-vêtements

onderbroek

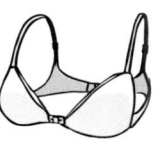

soutien-gorge

beha

maillot de corps

onderhemd

vêtements - kleding

body
lichaam

pantalon
broek

jean
jeans

jupe
rok

chemisier
blouse

chemise
hemd

pull
trui

sweat à capuche
capuchontrui

veste
blazer

veste
jas

manteau
jas

imperméable
regenjas

costume
kostuum

robe
jurk

robe de mariée
trouwjurk

costume

pak

chemise de nuit

nachthemd

pyjama

pyjama

sari

sari

foulard

hoofddoek

turban

tulband

burqa

boerka

caftan

kaftan

abaya

abaya

maillot de bain

badpak

maillot de bain

zwembroek

short

short

tenue d'entraînement

trainingspak

tablier

schort

gants

handschoenen

bouton

knoop

lunettes

bril

bracelet

armband

collier

ketting

bague

ring

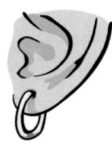

boucle d'oreille

oorbel

bonnet

pet

cintre

kapstok

chapeau

hoed

cravate

das

fermeture éclair

rits

casque

helm

bretelles

bretellen

uniforme scolaire

schooluniform

uniforme

uniform

bavoir
....
slabbetje

sucette
....
fopspeen

lange
....
luier

bureau
kantoor

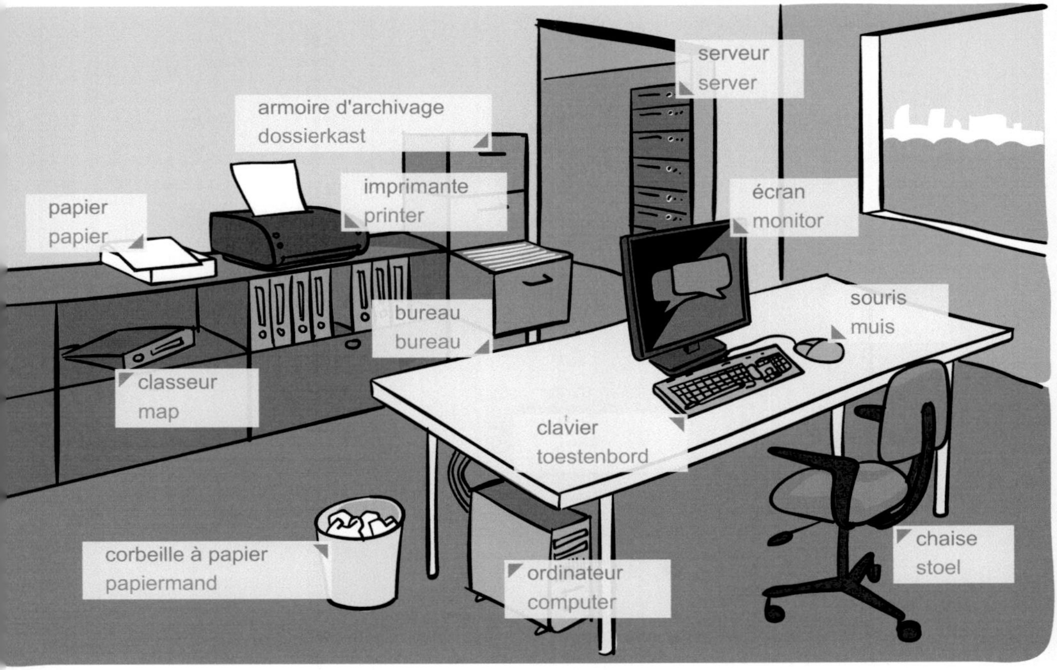

serveur
server

armoire d'archivage
dossierkast

imprimante
printer

papier
papier

écran
monitor

souris
muis

bureau
bureau

classeur
map

clavier
toestenbord

corbeille à papier
papiermand

ordinateur
computer

chaise
stoel

tasse de café
....
koffiemok

calculatrice
....
rekenmachine

internet
....
internet

ordinateur portable

laptop

lettre

brief

message

bericht

portable

gsm

réseau

netwerk

photocopieuse

kopieerapparaat

logiciel

software

téléphone

telefoon

prise

stopcontact

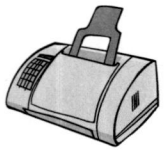

fax

fax

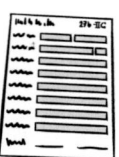

formulaire

formulier

document

document

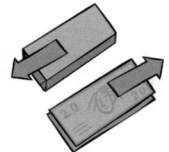

acheter

kopen

payer

betalen

faire du commerce

handelen

monnaie

geld

dollar

dollar

euro

euro

yen

yen

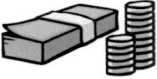

rouble

roebel

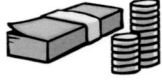

franc suisse

Zwitserse frank

renminbi yuan

Chinese renminbi

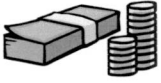

roupie

roepie

distributeur automatique

geldautomaat

bureau de change
wisselkantoor

or
goud

argent
zilver

pétrole
olie

énergie
energie

prix
prijs

contrat
contract

taxe
belasting

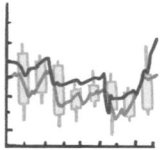

action
aandeel

travailler
werken

employé
werknemer

employeur
werkgever

usine
fabriek

magasin
winkel

économie - economie

professions
beroepen

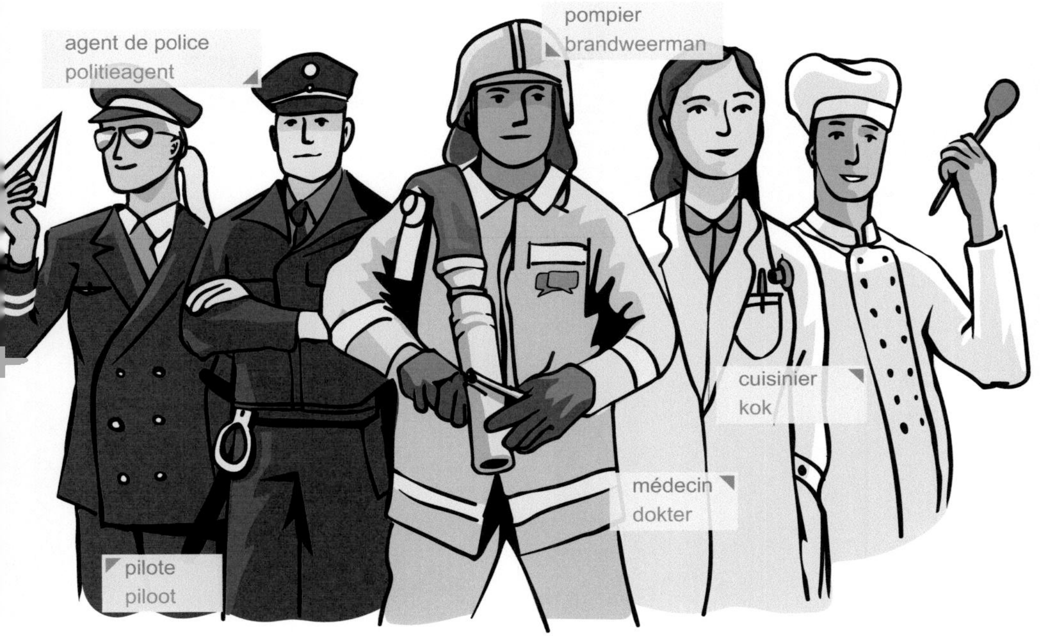
agent de police
politieagent
pompier
brandweerman
cuisinier
kok
médecin
dokter
pilote
piloot

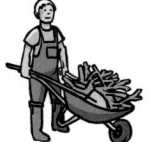

jardinier
tuinman

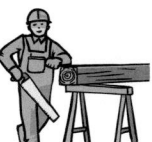

menuisier
timmerman

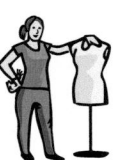

couturière
naaister

juge
rechter

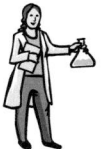

chimiste
chemicus

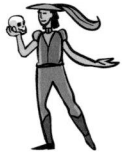

acteur
acteur

conducteur de bus

buschauffeur

chauffeur de taxi

taxichauffeur

pêcheur

visser

femme de ménage

schoonmaakster

couvreur

dakdekker

serveur

ober

chasseur

jager

peintre

schilder

boulanger

bakker

électricien

elektricien

ouvrier

bouwvakker

ingénieur

ingenieur

boucher

slager

plombier

loodgieter

facteur

postbode

soldat

soldaat

architecte

architect

caissier

kassier

fleuriste

bloemist

coiffeur

kapper

contrôleur

conducteur

mécanicien

mecanicien

capitaine

kapitein

dentiste

tandarts

scientifique

wetenschapper

rabbin

rabbijn

imam

imam

moine

monnik

prêtre

geestelijke

outils
werktuigen

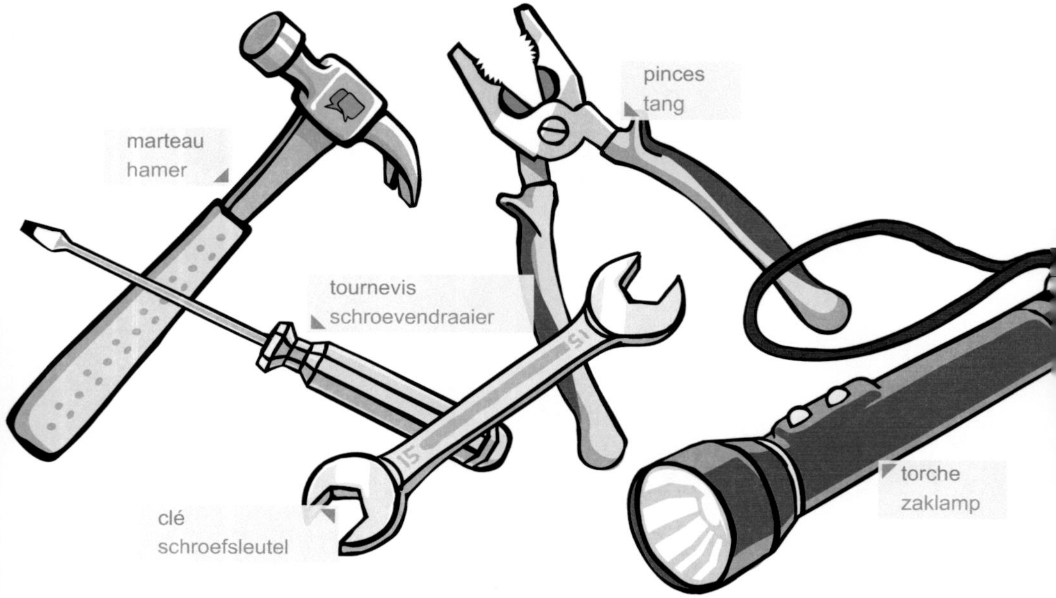
marteau
hamer
pinces
tang
tournevis
schroevendraaier
clé
schroefsleutel
torche
zaklamp

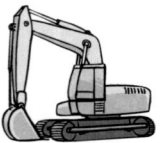

pelleteuse

graafmachine

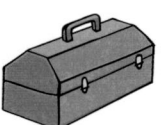

boîte à outils

gereedschapskoffer

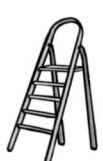

échelle

ladder

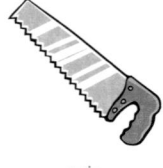

scie

zaag

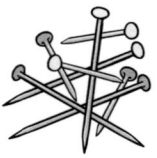

clous

spijkers

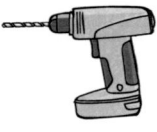

perceuse

boormachine

réparer

repareren

pelle

schop

Mince !

Verdomme!

pelle

blik

pot de peinture

verfpot

vis

schroeven

instruments de musique
muziekinstrumenten

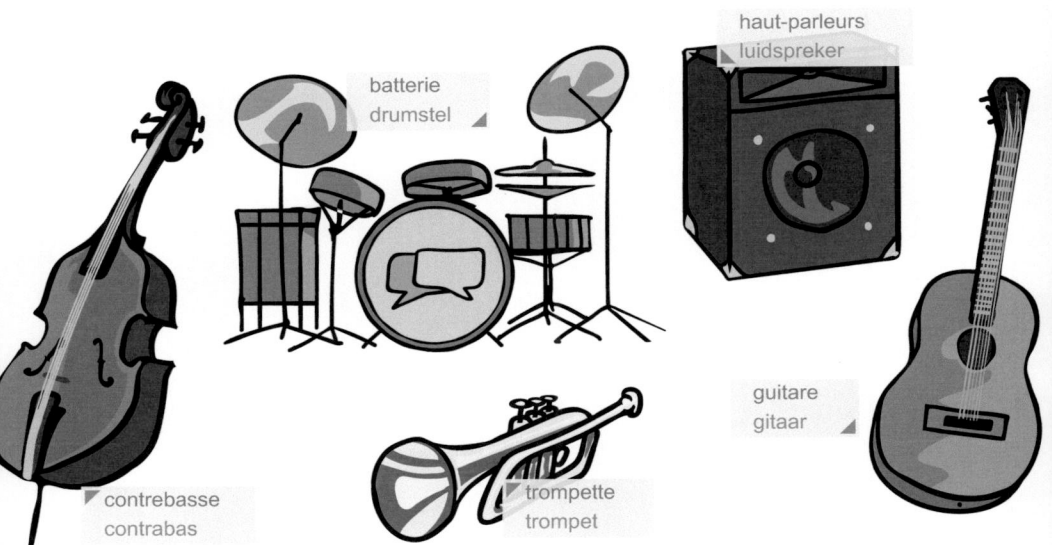

batterie
drumstel

haut-parleurs
luidspreker

guitare
gitaar

contrebasse
contrabas

trompette
trompet

piano

piano

violon

viool

basse

basgitaar

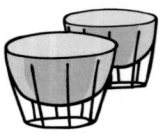

timbales

pauk

tambour

trommels

piano électrique

keyboard

saxophone

saxofoon

flûte

fluit

microphone

microfoon

entrée
ingang

tigre
tijger

cage
kooi

zèbre
zebra

alimentation animale
diereneten

panda
panda

animaux

dieren

éléphant

olifant

kangourou

kangoeroe

rhinocéros

neushoorn

gorille

gorilla

ours

beer

chameau

kameel

autruche

struisvogel

lion

leeuw

singe

aap

flamand rose

flamingo

perroquet

papegaai

ours polaire

ijsbeer

pingouin

pinguïn

requin

haai

paon

pauw

serpent

slang

crocodile

krokodil

gardien de zoo

dierenverzorger

phoque

zeehond

jaguar

jaguar

poney

pony

léopard

luipaard

hippopotame

nijlpaard

girafe

giraffe

aigle

adelaar

sanglier

wild zwijn

poisson

vis

tortue

zeeschildpad

morse

walrus

renard

vos

gazelle

gazelle

zoo - zoo

61

american Football
rugby

cyclisme
wielrennen

tennis
tennis

basket-ball
basketbal

natation
zwemmen

boxe
boksen

hockey sur glace
ijshockey

football
voetbal

badminton
badminton

athlétisme
atletiek

handball
handbal

ski
skiën

polo
polo

activités
activiteiten

sauter
springen
embrasser
knuffelen
rire
lachen
marcher
wandelen
chanter
zingen
rêver
dromen
prier
bidden
faire la bise
kussen

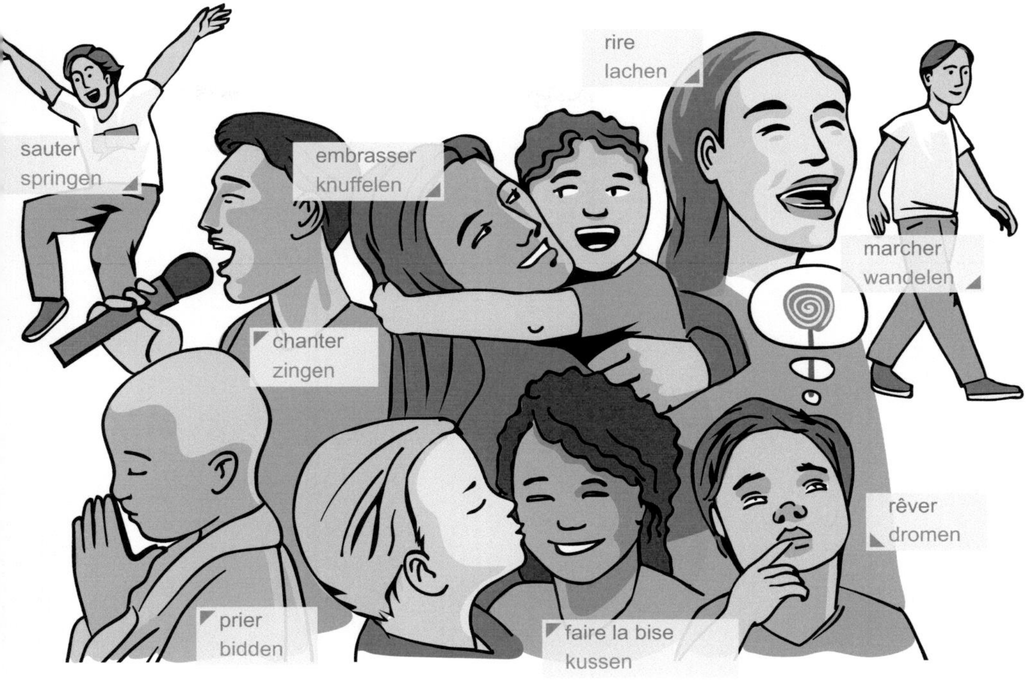

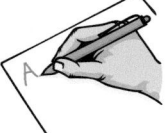

écrire

schrijven

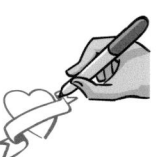

dessiner

tekenen

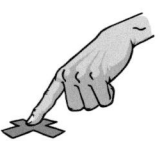

montrer

tonen

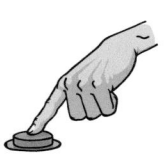

pousser

duwen

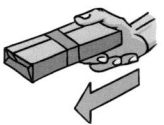

donner

geven

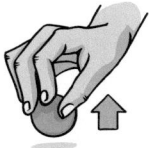

prendre

nemen

avoir

hebben

faire

doen

être

zijn

être debout

staan

courir

lopen

trier

trekken

jeter

gooien

tomber

vallen

être couché

liggen

attendre

wachten

porter

dragen

être assis

zitten

s'habiller

aankleden

dormir

slapen

se réveiller

ontwaken

activités - activiteiten

regarder

kijken naar

pleurer

wenen

caresser

aaien

peigner

kammen

parler

praten

comprendre

begrijpen

demander

vragen

écouter

luisteren

boire

drinken

manger

eten

ranger

opruimen

aimer

houden van

cuire

koken

conduire

rijden

voler

vliegen

faire de la voile

zeilen

calculer

rekenen

lire

Lezen

apprendre

leren

travailler

werken

se marier

trouwen

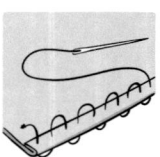

coudre

naaien

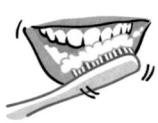

brosser les dents

tandenpoetsen

tuer

doden

fumer

roken

envoyer

sturen

activités - activiteiten

famille

familie

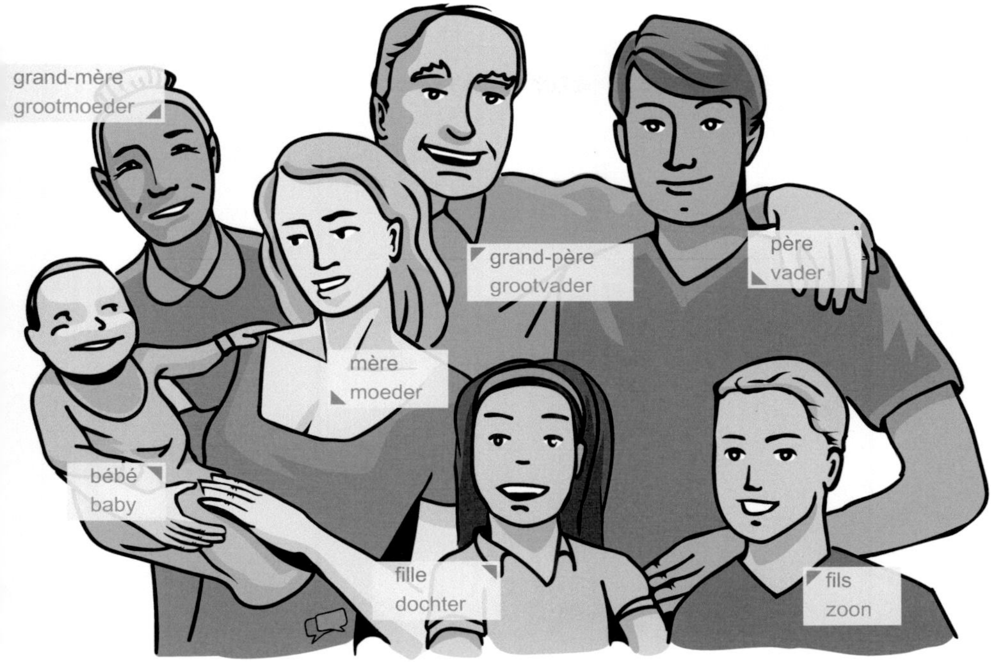
grand-mère
grootmoeder
grand-père
grootvader
père
vader
mère
moeder
bébé
baby
fille
dochter
fils
zoon

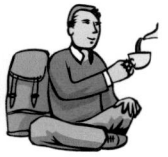

hôte

gast

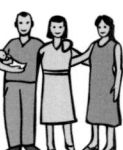

tante

tante

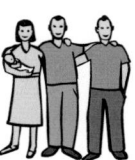

oncle

oom

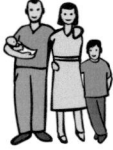

frère

broer

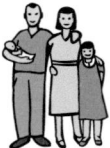

sœur

zus

corps

lichaam

front
voorhoofd
œil
oog
visage
gezicht
menton
kin
poitrine
borst
doigt
vinger
main
hand
bras
arm
épaule
schouder
jambe
been

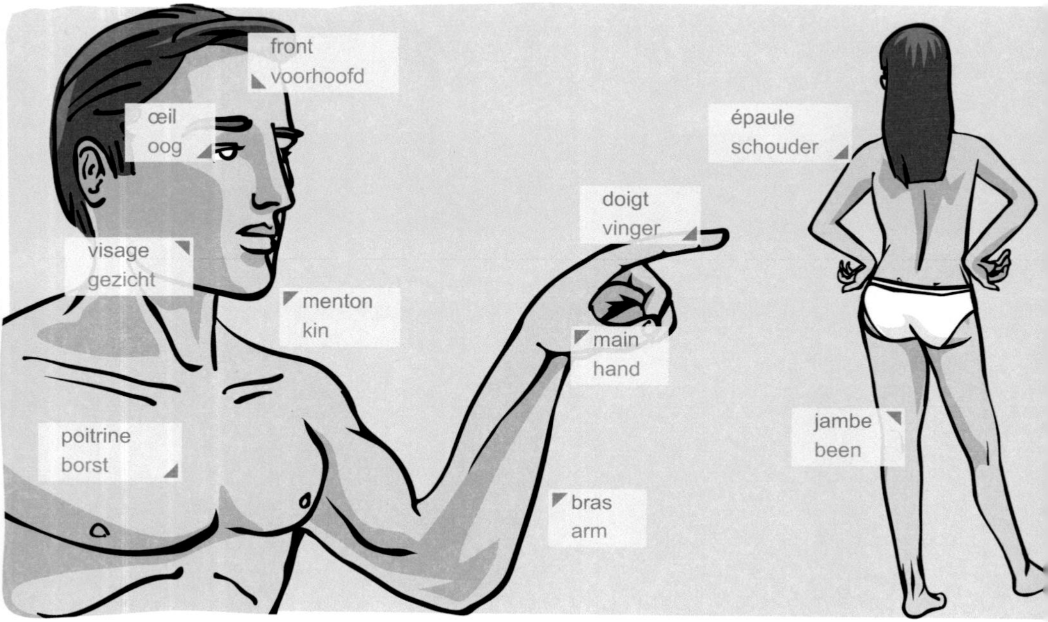

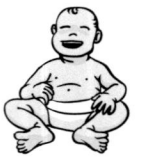

bébé

baby

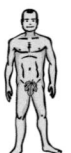

homme

man

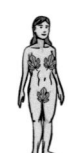

femme

vrouw

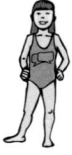

fille

meisje

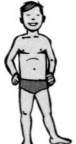

garçon

jongen

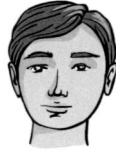

tête

hoofd

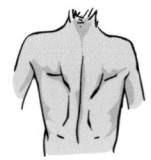

dos
rug

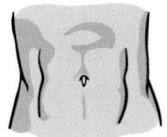

ventre
buik

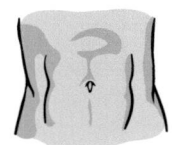

nombril
navel

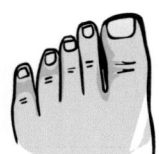

orteil
teen

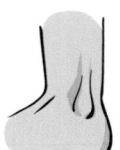

talon
hiel

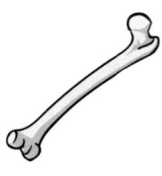

os
bot

hanche
heup

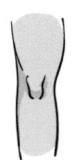

genou
knie

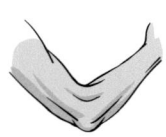

coude
elleboog

nez
neus

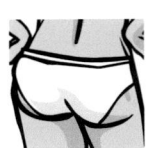

fesses
zitvlak

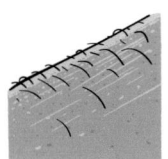

peau
huid

joue
wang

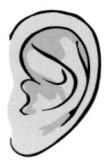

oreille
oor

lèvre
lip

bouche

mond

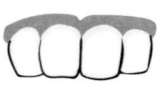

dent

tand

langue

tong

cerveau

hersenen

cœur

hart

muscle

spier

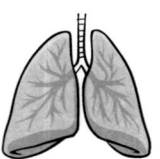

poumons

long

foie

lever

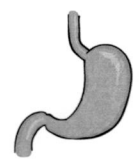

estomac

maag

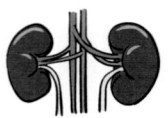

reins

nieren

rapport sexuel

seks

préservatif

condoom

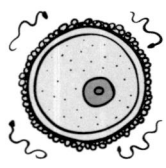

ovule

eicel

sperme

sperma

grossesse

zwangerschap

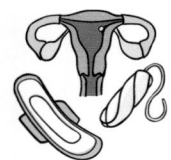

menstruation

menstruatie

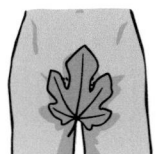

vagin

vagina

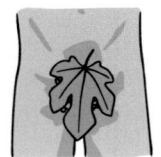

pénis

penis

sourcil

wenkbrauw

cheveux

haar

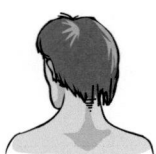

cou

nek

hôpital
ziekenhuis

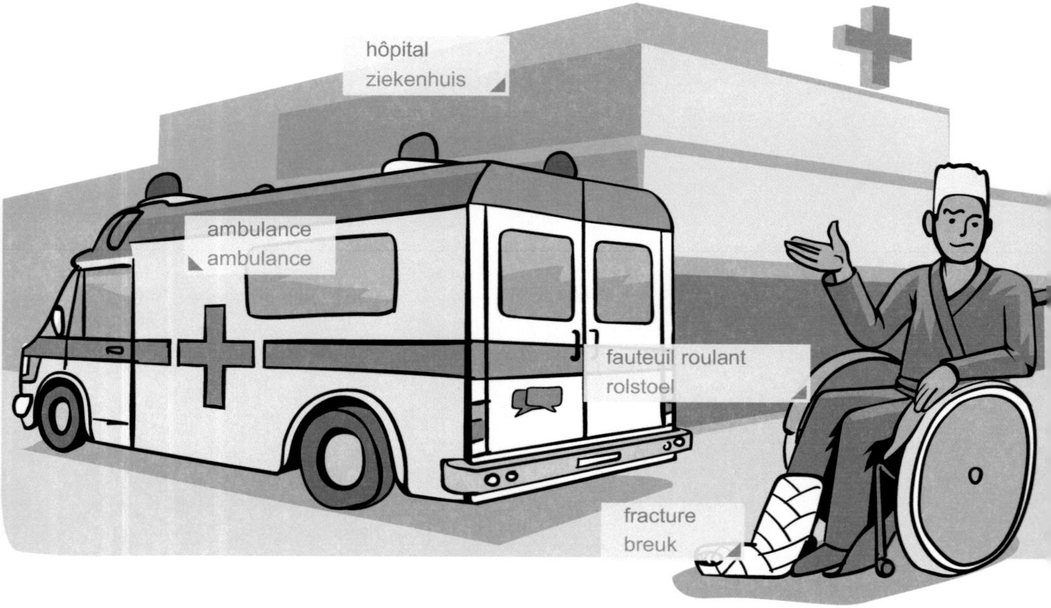

hôpital
ziekenhuis
ambulance
ambulance
fauteuil roulant
rolstoel
fracture
breuk

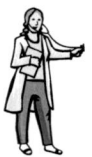

médecin

dokter

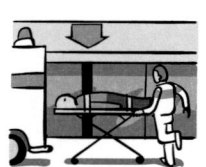

service des urgences

spoed

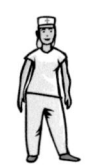

infirmière

verpleegkundige

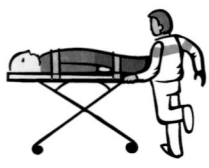

urgence

noodgeval

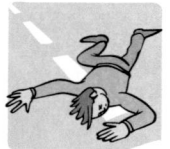

inconscient

bewusteloos

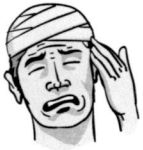

douleur

pijn

blessure
verwonding

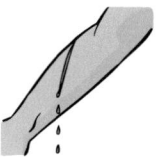

hémorragie
bloeding

crise cardiaque
hartaanval

attaque cérébrale
beroerte

allergie
allergie

toux
hoest

fièvre
koorts

grippe
griep

diarrhée
diarree

mal de tête
hoofdpijn

cancer
kanker

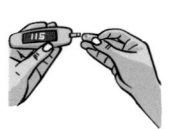

diabète
diabetes

chirurgien
chirurg

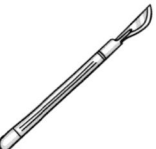

scalpel
scalpel

opération
operatie

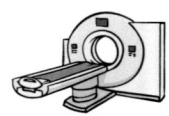

CT

CT

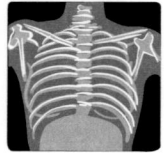

radiographie

röntgenstraal

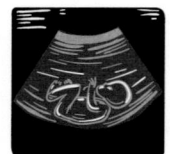

échographie

ultrageluid

masque

gezichtsmasker

maladie

ziekte

salle d'attente

wachtkamer

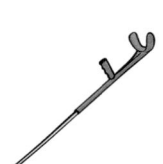

béquille

kruk

pansement

pleister

pansement

verband

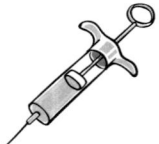

injection

injectie

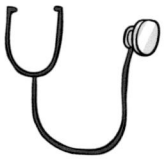

stéthoscope

stethoscoop

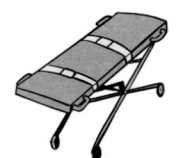

brancard

brancard

thermomètre

thermometer

accouchement

geboorte

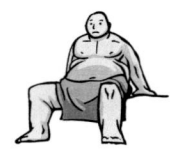

surcharge pondérale

overgewicht

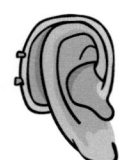

appareil auditif

hoorapparaat

désinfectant

ontsmettingsmiddel

infection

infectie

virus

virus

VIH / sida

HIV / AIDS

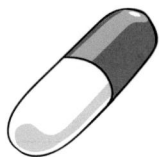

médicament

medicijn

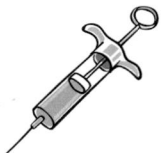

vaccination

vaccinatie

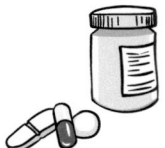

comprimés

tabletten

pilule

pil

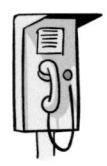

appel d'urgence

noodoproep

tensiomètre

bloeddrukmeter

malade / sain

ziek / gezond

Au secours !

Help!

alarme

alarm

assaut

overval

attaque

aanval

danger

gevaar

sortie de secours

nooduitgang

Au feu!

Brand!

extincteur

brandblusser

accident

ongeval

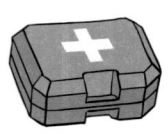

trousse de premier secours

EHBO-kit

SOS

SOS

police

politie

Europe

Europa

Amérique du Nord

Noord-Amerika

Amérique du Sud

Zuid-Amerika

Afrique

Afrika

Asie

Azië

Australie

Australië

Océan atlantique

Atlantische Oceaan

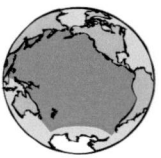

Océan pacifique

Stille Oceaan

Océan indien

Indische Oceaan

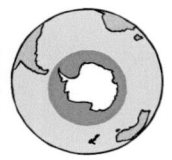

Océan antarctique

Antarctische Oceaan

Océan arctique

Arctische Oceaan

pôle nord

Noordpool

pôle sud
Zuidpool

Antarctique
Antarctica

terre
aarde

pays
land

mer
zee

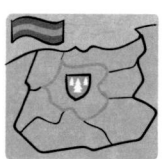

île
eiland

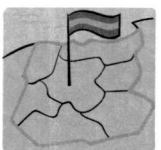

nation
natie

état
staat

cadran
....
wijzerplaat

aiguille des heures
....
uurwijzer

aiguille des minutes
....
minuutwijzer

aiguille des secondes
....
secondewijzer

Quelle heure est-il ?
....
Hoe laat is het?

jour
....
dag

temps
....
tijd

maintenant
....
nu

montre digitale
....
digitale horloge

minute
....
minuut

heure
....
uur

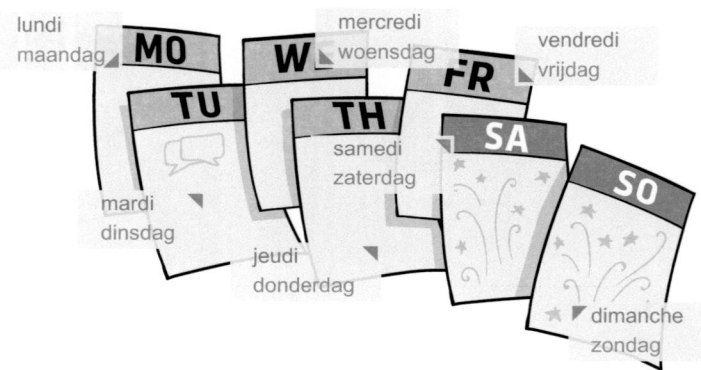

lundi
maandag

mercredi
woensdag

vendredi
vrijdag

mardi
dinsdag

samedi
zaterdag

jeudi
donderdag

dimanche
zondag

hier

gisteren

aujourd'hui

vandaag

demain

morgen

matin

ochtend

midi

middag

soir

avond

jours ouvrables

werkdagen

week-end

weekend

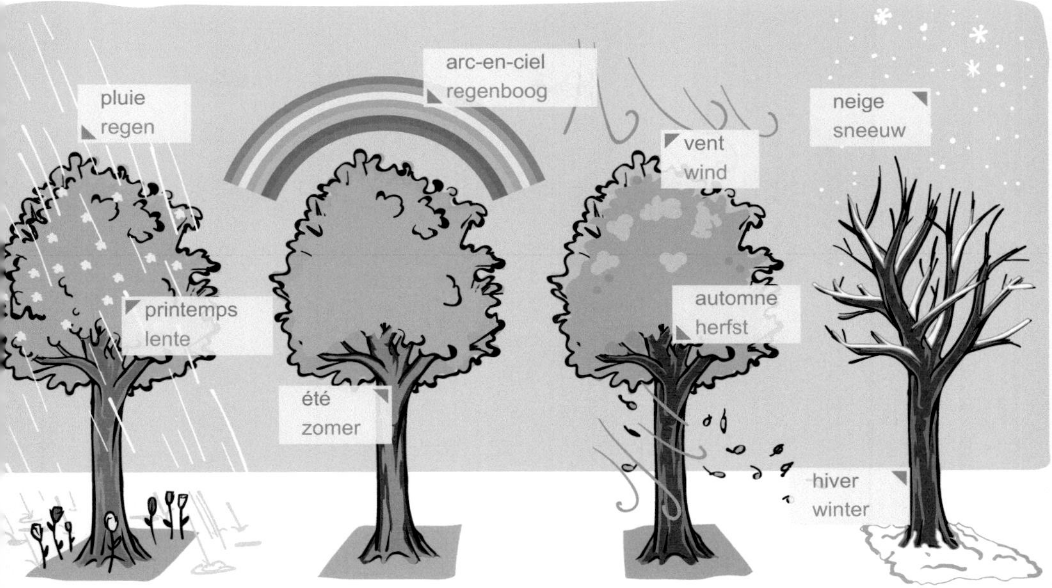

pluie
regen

arc-en-ciel
regenboog

vent
wind

neige
sneeuw

printemps
lente

automne
herfst

été
zomer

hiver
winter

météo
weervoorspelling

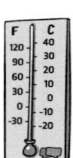

thermomètre
thermometer

lumière du soleil
zonneschijn

nuage
wolk

brouillard
mist

humidité
vochtigheid

foudre
bliksem

tonnerre
donder

tempête
storm

grêle
hagel

mousson
moesson

inondation
overstroming

glace
ijs

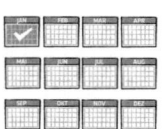

janvier
januari

février
februari

mars
maart

avril
april

mai
mei

juin
juni

juillet
juli

août
augustus

année - jaar

septembre
....
september

octobre
....
oktober

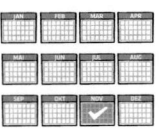

novembre
....
november

décembre
....
december

cercle
....
cirkel

carré
....
kwadraat

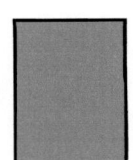

rectangle
....
rechthoek

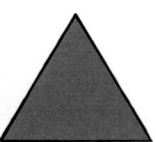

triangle
....
driehoek

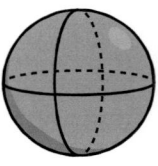

sphère
....
bol

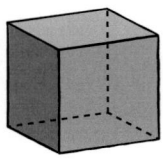

cube
....
kubus

blanc

wit

jaune

geel

orange

oranje

rose

roze

rouge

rood

violet

paars

bleu

blauw

vert

groen

marron

bruin

gris

grijs

noir

zwart

beaucoup / peu

veel / weinig

fâché / calme

boos / kalm

joli / laid

mooi / lelijk

début / fin

begin / einde

grand / petit

groot / klein

clair / obscure

licht / donker

frère / soeur

broer / zus

propre / sale

proper / vuil

complet / incomplet

volledig / onvolledig

jour / nuit

dag / nacht

mort / vivant

dood / levend

large / étroit

breed / smal

comestible / incomestible
....
eetbaar / oneetbaar

méchant / gentil
....
kwaadaardig / vriendelijk

excité / ennuyé
....
opgewonden / verveeld

gros / mince
....
dik / dun

premier / dernier
....
eerst / laatst

ami / ennemi
....
vriend / vijand

plein / vide
....
vol / leeg

dur / souple
....
hard / zacht

lourd / léger
....
zwaar / licht

faim / soif
....
honger / dorst

malade / sain
....
ziek / gezond

illégal / légal
....
illegaal / legaal

intelligent / stupide
....
intelligent / dom

gauche / droite
....
links / rechts

proche / loin
....
dichtbij / veraf

nouveau / usé

nieuw / gebruikt

rien / quelque chose

niets / iets

vieux / jeune

oud / jong

marche / arrêt

aan / uit

ouvert / fermé

open / dicht

faible / fort

stil / luid

riche / pauvre

rijk / arm

correct / incorrect

juist / fout

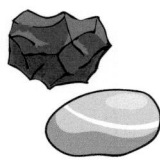

rugueux / lisse

ruw / glad

triste / heureux

droevig / blij

court / long

kort / lang

lent / rapide

traag / snel

mouillé / sec

nat / droog

chaud / froid

warm / koud

guerre / paix

oorlog / vrede

nombres

cijfers

0

zéro

nul

1

un / une

één

2

deux

twee

3

trois

drie

4

quatre

vier

5

cinq

vijf

6

six

zes

7

sept

zeven

8

huit

acht

9

neuf

negen

10

dix

tien

11

onze

elf

12

douze
twaalf

13

treize
dertien

14

quatorze
veertien

15

quinze
vijftien

16

seize
zestien

17

dix-sept
zeventien

18

dix-huit
achtien

19

dix-neuf
negentien

20

vingt
twintig

100

cent
honderd

1.000

mille
duizend

1.000.000

million
miljoen

anglais

Engels

anglais américain

Amerikaans Engels

chinois mandarin

Chinees (Mandarijn)

hindi

Hindi

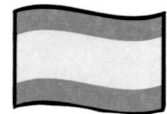

espagnol

Spaans

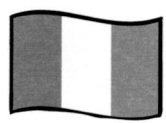

français

Frans

arabe

Arabisch

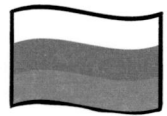

russe

Russisch

portugais

Portugees

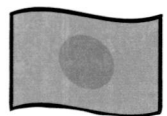

bengali

Bengali

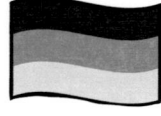

allemand

Duits

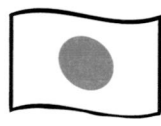

japonais

Japans

je
ik

tu
u

il / elle / ce, c', cela
hij / zij / het

nous
wij

vous
u

ils / elles
ze

Qui ?
wie?

Quoi ?
wat?

Comment ?
hoe?

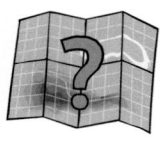

Où ?
waar?

Quand ?
wanneer?

nom
naam

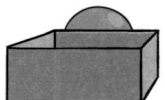

derrière
········
achter

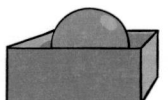

dans
········
in

devant
········
voor

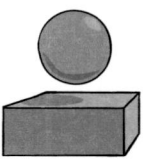

au-dessus
········
boven

sur
········
op

en-dessous
········
onder

à côté de
········
naast

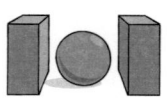

entre
········
tussen

lieu
········
plaats